Nahrung für die Seele

Jiddu Krishnamurti

Glück
oder die Stille des Geistes

Nahrung für die Seele

Jiddu Krishnamurti

GLÜCK
ODER DIE STILLE DES GEISTES

Weisheiten eines großen
Menschheitslehrers

Verlag Hermann Bauer
Freiburg im Breisgau

Die Deutsche Bibliothek – CIP-Einheitsaufnahme

Krishnamurti, Jiddu:
Glück oder die Stille des Geistes : Weisheiten eines
grossen Menschheitslehrers / Jiddu Krishnamurti.
[Hrsg. von Richard Reschika].
1. Aufl. – Freiburg im Breisgau : Bauer, 1997
   (Nahrung für die Seele)
   ISBN 3-7626-0550-5

Herausgegeben von Richard Reschika

1. Auflage 1997
ISBN 3-7626-0550-5
© 1997 by Verlag Hermann Bauer KG, Freiburg im Breisgau
Einband: Ralph Höllrigl, Freiburg im Breisgau
Satz: Fotosetzerei G. Scheydecker, Freiburg im Breisgau
Druck: Rombach GmbH, Druck- und Verlagshaus,
Freiburg im Breisgau
Bindung: Walter Industriebuchbinderei, Heitersheim
Printed in Germany

INHALT

I

LEBEN IST WIE EIN FLUSS

Leben ist etwas außergewöhnlich Weites und Tiefgründiges; Leben ist ein großes Mysterium, ein weites Reich, in dem wir als menschliche Wesen wirken. Falls wir uns nur darauf vorbereiten, unseren Lebensunterhalt zu verdienen, werden wir den wahren Grund des Lebens verpassen.

Das Leben zu verstehen ist wichtiger, als sich lediglich auf Examina vorzubereiten und Mathematik, Physik oder sonst etwas zu beherrschen.

Das Leben birgt ein außergewöhnliches Mysterium in sich – kein Geheimnis wie in Büchern, nicht das Geheimnis, worüber Leute reden, sondern ein Mysterium, das man selbst entdecken muß. Und deshalb ist es von solcher Bedeutung, daß Sie das Kleine, das Enge, das Kleinliche verstehen und darüber hinausgehen.

Gebildet zu sein heißt nicht nur, sich in Mathematik, Geschichte oder Geographie auszukennen, sondern auch, diese außergewöhnliche Sache zu verstehen, die Tod genannt wird – nicht, wenn Sie physisch sterben, sondern während Sie leben, während Sie lachen, während Sie auf einen Baum klettern, während Sie segeln oder schwimmen.

Leben ist nicht diese klägliche, mittelmäßige, disziplinierte Angelegenheit, die wir unsere Existenz nennen. Leben ist etwas anderes. Es ist überreich, zeitlos, wandelbar, und solange wir diese ewige

Bewegung nicht verstehen, wird unser Leben nur sehr wenig Sinn haben.

Das Leben ist wie ein Fluß: In unaufhörlicher Bewegung, immer auf der Suche, forschend, drängend, tritt er über seine Ufer, dringt sein Wasser durch jede Öffnung. Der Geist gestattet sich nicht, daß dasselbe mit ihm geschieht. Der Geist sieht es als gefährlich, als riskant an, in einem Zustand der Unbeständigkeit und Unsicherheit zu leben; also baut er eine Mauer um sich herum – die Mauer der Tradition, der organisierten Religion, der politischen und sozialen Theorien. Familie, Name, Besitz, die kleinen Tugenden, die wir kultiviert haben – all das befindet sich innerhalb dieser Mauern, vom Leben getrennt. Leben bewegt sich ohne Dauer und versucht unaufhörlich, diese Mauern zu durchdringen, niederzubrechen, hinter denen Verwirrung und Elend ist. Die Götter innerhalb der Mauern sind alles falsche Götter, und sie betreffende Schriften und Philosophien haben keine Bedeutung, weil Leben sich außerhalb von ihnen befindet.

Wahrheit ist Leben, und Leben kennt keine Unveränderlichkeit. Leben muß von Augenblick zu Augenblick, von

Tag zu Tag entdeckt werden. Ein Mensch, der sagt, er wisse, ist schon tot. Der Mensch indes, der denkt: »Ich weiß nicht«, der entdeckt, der herausfindet, der kein Ergebnis erwartet, der nicht in Kategorien von Erreichen oder Werden denkt – ein solcher Mensch ist lebendig, und dieses Lebendigsein ist Wahrheit.

Schönheit und Sinn im Leben gibt es nur, wenn das Herz von den Dingen des Geistes gereinigt wird.

II.

VOM LEBEN LERNEN

Nur wenn ihr unaufhörlich nach-
forscht, unaufhörlich beobachtet,
unaufhörlich lernt, werdet ihr Wahrheit,
Gott oder Liebe finden – und ihr könnt
nicht nachforschen, beobachten und lernen, ihr könnt nicht tiefgründig denken,
wenn ihr Angst habt.

Die Aufgabe der Erziehung besteht
sicherlich darin, euch sowohl innen wie
außen diese Angst zu nehmen, die das

menschliche Denken, die menschliche Beziehung und Liebe zerstört.

Wißt ihr, was es bedeutet zu lernen?
Wenn Ihr wirklich lernt, lernt Ihr
während eures ganzen Lebens, und dann
gibt es keinen speziellen Lehrer, von dem
man lernt. Dann lehrt euch alles – ein
totes Blatt, ein fliegender Vogel, ein Duft,
eine Träne, der Reiche und der Arme, die
Weinenden, das Lächeln einer Frau, der
Hochmut eines Mannes. Ihr lernt dann
von allem, und deshalb gibt es keinen
Führer, keinen Philosophen, keinen Guru
mehr. Das Leben selbst ist euer Lehrer,

und ihr seid in einem Zustand ständigen
Lernens.

Die Aufgabe der Erziehung besteht
darin, Ihnen von Kindheit an zu
helfen, niemanden zu imitieren, sondern
immer ganz Sie selbst zu sein. Und das ist
am schwersten: Ob Sie häßlich oder wun-
derschön, neidisch oder eifersüchtig sind,
immer zu sein, was sie sind, und das auch
zu verstehen. Sie selbst zu sein, ist sehr
schwierig, weil Sie meinen, was Sie sind,
sei unedel, und wenn Sie nur etwas Edles
werden könnten, dann wäre das ganz
herrlich; aber das passiert nie. Wenn Sie

sich aber anschauen und verstehen, was Sie jetzt sind, dann liegt gerade in diesem Verständnis eine Transformation. Freiheit liegt also nicht im Versuch, etwas anderes zu werden, nicht darin, immer zu tun, was einem gerade Spaß macht, und nicht darin, die Autorität Ihrer Tradition, Ihrer Eltern oder Ihres Gurus zu folgen, sondern im Verständnis dessen, was Sie selbst von Augenblick zu Augenblick sind. Das ist die einzig wahre Revolution, und sie führt zu außergewöhnlicher Freiheit. Diese Freiheit zu kultivieren, ist die wahre Aufgabe von Bildung und Erziehung.

Der Mensch, der wirklich herausfinden möchte, ob es einen Zustand außerhalb des Rahmens der Zeit gibt oder nicht, muß von den Zwängen der Zivilisation frei sein; das heißt, er muß vom kollektiven Willen frei sein und allein stehen. Und das ist ein wesentlicher Teil der Erziehung: Zu lernen, auf eigenen Füßen zu stehen, so daß Sie weder vom Willen der vielen noch vom Willen eines einzelnen beherrscht werden und auf diese Weise fähig sind, selbst zu entdecken, was wahr ist.

In dem Moment, in dem Sie wirklich lernen, gibt es keinen besonderen Menschen, der Sie unterrichtet, weil Sie von allem lernen. Das Blatt, das vom Wind fortgetrieben wird, das Murmeln des Wassers am Flußufer, der Flug eines Vogels hoch in der Luft, der mit einer schweren Last vorübergehende Arme, die Leute, die alles über das Leben zu wissen glauben – Sie lernen von allem, deshalb gibt es keinen Lehrer.

Die Aufgabe der Erziehung ist nicht, Sie gesellschaftlichen Mustern anzupassen; im Gegenteil besteht Sie darin,

Ihnen zu helfen, ganz, tiefgreifend und umfassend zu verstehen und dadurch aus dem Muster auszubrechen, so daß Sie ein Individuum ohne jede Selbstüberheblichkeit sind. Vertrauen aber haben Sie, weil Sie wirklich unschuldig sind.

Die Aufgabe der Erziehung ist es, dem Lernenden reiches Wissen auf den verschiedenen Gebieten menschlichen Strebens zu vermitteln und gleichzeitig seinen Geist von aller Tradition zu befreien, damit er forschen, erkunden und entdecken kann. Sonst wird der Geist durch die Maschinerie des Wissens mechanisch, schwerfällig. Wenn er sich nicht laufend von der in ihm sich ansammelnden Tradition befreit, ist der Geist unfähig, das Höchste zu entdecken, das, was ewig ist. Er muß aber natürlich auch immer größeres Wissen und Information erwerben, damit er in der Lage ist, mit den Dingen umzugehen, die der Mensch braucht und herstellen muß.

Der Geist, mit seinen scharfsinnigen Argumenten, ist nicht alles. Es gibt etwas Weites und Unermeßliches jenseits des Geistes, eine Lieblichkeit, die der Geist nicht verstehen kann. In dieser immensen Weite ist eine Ekstase, eine Herrlichkeit; und das zu leben, das zu erfahren, ist das Ziel der Erziehung.

III.

OHNE LIEBE KEINE FREIHEIT

Nur wenn ihr nicht ehrgeizig, nicht auf Gewinn aus seid, nicht an der eigenen Sicherheit hängt – nur dann könnt ihr auf die Herausforderung reagieren und eine neue Welt schaffen.

Alles wahrhaft Revolutionäre wird von einigen wenigen geschaffen, die sehen, was wahr ist, und willens sind, entsprechend dieser Wahrheit zu leben. Aber um zu entdecken, was wahr ist, bedarf es der Befreiung von Tradition, was Freiheit von aller Angst bedeutet.

Um frei zu sein, müssen wir uns gegen jede innere Abhängigkeit auflehnen, und wir können uns nicht dagegen auflehnen, wenn wir nicht verstehen, warum wir abhängig sind. Bis wir verstehen, und uns wirklich von jeder inneren Abhängigkeit losreißen, können wir niemals frei sein, weil nur in diesem Verstehen Freiheit liegen kann.

Freiheit und Liebe gehören zusammen. Zu lieben heißt, nichts dafür zu verlangen – ja nicht einmal zu spüren, daß Sie etwas geben –, und nur solche Liebe kann Freiheit sein.

Einen Baum zu pflanzen und sich um ihn zu kümmern, den Fluß anzublicken, und sich an der Fülle der Erde zu erfreuen, einen fliegenden Vogel zu beobachten und die Schönheit seines Flugs zu sehen, empfindsam und offen für diese außergewöhnliche Bewegung zu sein, die Leben genannt wird – das alles setzt Freiheit voraus; und um frei zu sein, müssen Sie lieben.

Ohne Liebe gibt es keine Freiheit; ohne Liebe ist Freiheit lediglich eine Idee, die keinerlei Wert besitzt. Freiheit kann es also nur für jene geben, die verstehen und sich von innerer Abhängigkeit losreißen, und die deshalb wissen, was Liebe ist. Und nur sie werden eine neue Zivilisation hervorbringen, eine andere Welt.

Wenn sich Ihr Geist an irgendeine Form von Komfort klammert, wenn er sich an eine Gewohnheit, an einen Glauben, an einen besonderen Ort bindet, den er »meine Heimat« nennt, fängt er an, einzuschlafen; und diese Tatsache zu begreifen ist weitaus wichtiger als sich zu fragen, ob wir luxuriös leben oder nicht. Der sehr aktive, wache, aufmerksame Geist ist nie abhängig von Komfort, Luxus bedeutet ihm nichts. Lediglich wenige Kleidungsstücke zu haben bedeutet allerdings nicht, daß man einen wachen Geist hat.

Der Bettelmönch, der äußerlich sehr einfach lebt, ist innerlich vielleicht sehr komplex; er kultiviert Tugenden und strebt danach, Wahrheit oder Gott zu erreichen. Es ist wichtig, innerlich sehr schlicht zu sein, sehr nüchtern, also einen Geist zu haben, der nicht durch Glaubensanschauungen, durch Angst, durch unzählige Bedürfnisse gehemmt ist. Nur ein solcher Geist ist fähig, wirklich zu denken, zu erforschen und zu entdecken.

Es ist wichtig, nicht zu mechanischen Wesen zu werden, die sich auf ein vorherbestimmtes Ziel zubewegen, nicht von der Tradition erdrückt zu werden, nicht dem Schicksal einer bestimmten rassischen, kulturellen oder verwandtschaftlichen Gruppe zu verfallen. Der Mensch, der diesen ganzen Vorgang versteht, der damit bricht und auf eigenen Füßen steht, schafft seine eigene Antriebskraft; und falls sein Handeln darin besteht, mit dem Falschen zu brechen um der Wahrheit willen, dann wird diese Antriebskraft selbst zur Wahrheit. Solche Menschen sind frei von Schicksal.

Solange der Geist ausgefüllt, mit etwas beschäftigt ist – sei es der einer Hausfrau oder des größten Wissenschaftlers – ist er klein und dürftig; und welches Problem er auch angehen mag, er wird dieses Problem nicht lösen können. Dagegen kann ein Geist, der unbeschäftigt ist, der Raum hat, das Problem angehen und lösen, weil ein solcher Geist frisch ist; er setzt am Problem neu an, nähert sich ihm nicht mit dem althergebrachten Erbe seiner eigenen Erinnerungen und Traditionen.

Der Geist muß allem sterben, was er angesammelt hat – allen Gewohnheiten, nachgeahmten Tugenden, allen Dingen, auf die er sich aus seinem Bedürfnis nach Sicherheit verließ. Dann bleibt er nicht länger im Netz seines eigenen Denkens gefangen. Indem er von Augenblick zu Augenblick für das Vergangene stirbt, wird der Geist frisch und kann deshalb nie verfallen oder die Welle der Dunkelheit in Bewegung setzen.

Der Wunsch, etwas zu werden – ein bedeutender Mensch, ein großer Heiliger, dieser oder jener von Bedeutung zu werden –, kennt kein Ende und deshalb keine Erfüllung. Wenn man aber frei ist von jedem Wunsch, etwas zu werden, entsteht der Seinszustand, dessen Handlungsweise vollkommen anders ist. Er ist. Das, was ist, ist ohne Zeit. Es denkt nicht in Kategorien von Erfüllung. Sein eigenes Wesen ist seine Erfüllung.

Ein Geist, der Dauer sucht, wird bald stagnieren; wie jener Teich neben dem Fluß wird er bald ganz verdorben und faulig sein. Nur der Geist, der keine Mauern, keinen sicheren Halt, keine Schutzschranke, keinen Rastplatz hat und der ganz der Bewegung des Lebens folgt, zeitlos weiterdrängt, forscht und sich explosionsartig öffnet – nur ein solcher Geist kann glücklich und ewig neu sein, weil er in sich kreativ ist.

Wissen wird zu einem Hindernis, wenn es zu einer Tradition geworden ist, die den Geist nach einem bestimmten Muster formt und konditioniert, weil sie dann nicht nur Menschen trennt und Feindschaft zwischen ihnen schafft, sondern auch die tiefgehende Entdeckung verhindert, was Wahrheit, was Leben, was Gott ist. Um zu entdecken, was Gott ist, sollte der Geist frei von aller Tradition sein, von jeder Ablagerung, von allem Wissen, das er zu seiner psychischen Absicherung benutzt.

Wenn der Geist lediglich mit sich selbst und mit seinen eigenen Aktivitäten beschäftigt ist, ist er nicht schön; was immer er tut, er bleibt häßlich, beschränkt und deshalb unfähig zu erkennen, was Schönheit ist. Ein Geist dagegen, der sich nicht um sich selbst kümmert, der frei von Ehrgeiz ist, der nicht in seine eigenen Wünsche verstrickt ist oder von seinem Streben nach Erfolg getrieben wird – ein solcher Geist ist nicht oberflächlich und blüht in Güte.

Der Geist erkennt die Angst, einsam zu sein, wenn er einen Augenblick lang realisiert, daß er sich auf nichts verlassen kann, daß ihm keine Ablenkung das Gefühl einer ihn selbst umschließenden Leere nehmen kann. Das ist Einsamkeit.

Aber Alleinsein ist etwas völlig anderes: Es ist ein Zustand von Freiheit, der entsteht, nachdem Sie durch die Einsamkeit hindurchgegangen sind und sie verstanden haben. In diesem Zustand des Alleinseins verlassen Sie sich psychisch auf niemanden, weil Sie nicht mehr länger Vergnügen, Behaglichkeit oder Befriedigung suchen. Nur dann ist der Geist vollständig allein, und nur ein solcher Geist ist kreativ.

IV.

SICH SELBST ERKENNEN

Ein intelligenter Geist ist ein forschender Geist, ein Geist, der beobachtet, lernt, studiert. Und was bedeutet das? Daß Intelligenz nur besteht, wo es keine Angst gibt. Wenn Sie bereit sind, zu rebellieren und sich gegen die ganze Gesellschaftsstruktur zu wenden, um herauszufinden, was Gott ist, oder um die Wahrheit in allem zu entdecken.

Intelligenz ist nicht Wissen. Falls Sie alle Bücher dieser Welt lesen könnten, würde Ihnen selbst das zu keiner Intelligenz verhelfen. Intelligenz ist etwas sehr Subtiles; sie wirft keinen Anker. Sie entsteht, wenn Sie die ganze Arbeitsweise des Geistes verstehen – nicht eines Geistes, wie ihn manche Philosophen und Lehrer verstehen, sondern Ihres eigenen Geistes. Ihr Geist ist das Ergebnis der ganzen Menschheit, und wenn Sie ihn verstehen, müssen Sie kein einziges Buch lesen, weil Ihr Geist das gesamte Wissen der Vergangenheit enthält. Intelligenz entsteht also aus dem Verständnis Ihrer selbst; und Sie können sich selbst nur in Beziehung zur Welt der Menschen, Dinge und Ideen verstehen. Intelligenz ist nichts, was Sie erwerben können wie Erlerntes; sie erscheint erst bei großer Auflehnung, das heißt, wenn es keine Angst gibt – was in Wahrheit bedeutet, wenn Sie Liebe empfinden. Denn wo die Angst fehlt, dort ist Liebe.

Das Kind wird etwas über sich selbst lernen, falls die Umgebung, in der es lebt, ihm dabei hilft. Falls es den Eltern und Lehrern wirklich darum geht, daß der junge Mensch herausfindet, was er ist, werden sie ihn zu nichts zwingen; sie

werden eine Umgebung schaffen, in der
er sich selbst kennenlernen wird.

Solange das Verlangen besteht, etwas zu
gewinnen, zu erreichen, zu werden,
gleich auf welcher Ebene, solange gibt es
notwendigerweise Angst, Sorge und Furcht.
Der Ehrgeiz, reich zu sein, dies oder jenes
zu sein, fällt nur dann ab, wenn wir selbst
das Verderbliche, die korrupte Natur von
Ehrgeiz erkennen. In dem Augenblick, in
dem wir erkennen, daß das Verlangen
nach Macht – sei es die Macht eines Pre-
mierministers, eines Richters, eines Prie-
sters, eines Gurus – in jeglicher Form von

Grund auf böse ist, streben wir nicht länger nach Macht. Aber wir sehen nicht, daß Ehrgeiz korrumpiert, daß das Verlangen nach Macht böse ist; wir sagen im Gegenteil, daß wir die Macht zum Guten nutzen werden – was alles Unfug ist. Ein falsches Mittel kann niemals für ein richtiges Ziel eingesetzt werden. Wenn das Mittel böse ist, wird der Zweck auch böse sein. Gut ist nicht das Gegenteil von Böse – es entsteht nur dann, wenn das, was böse ist, vollständig aufgehört hat.

Innerlich reich zu sein ist viel anstrengender, als äußerlich reich und berühmt zu sein. Es braucht mehr Sorgfalt, größere Achtsamkeit. Falls Sie ein kleines Talent haben und es zu nutzen wissen, werden Sie berühmt; innerer Reichtum ergibt sich aber so nicht. Um innerlich reich zu sein, muß der Geist die Dinge verstehen und aufgeben, die nicht wichtig sind, wie etwa berühmt sein zu wollen. Innerer Reichtum bedeutet, allein zu stehen; der Mensch jedoch, der berühmt sein möchte, hat Angst, auf eigenen Füßen zu stehen, weil er von den Komplimenten und der guten Meinung der Leute abhängt.

Ein Buch kann Ihnen nur das geben, was der Autor zu erzählen weiß. Das Wissen jedoch, das durch Selbsterkenntnis kommt, hat keine Grenze, denn durch unsere eigene Selbsterkenntnis zu lernen, heißt zu wissen, wie wir zuhören, wie wir beobachten. Und deshalb lernen Sie von allem: von Musik, von dem, was Leute sagen und wie sie es sagen.

Integration ist eines der Dinge, die am schwierigsten zu erlangen sind. Denn sie bedeutet eine vollständige Einigung Ihres ganzes Wesens in allem, was Sie tun, in allem, was Sie sagen, in allem, was Sie denken. Sie können Integration nicht haben, ohne Beziehungen zu verstehen – Ihr Verhältnis zur Gesellschaft, Ihr Verhältnis zum armen Menschen, zum Dorfbewohner, zum Bettler, zum Millionär und zum Gouverneur. Um Beziehungen zu verstehen, müssen Sie sich damit auseinandersetzen, müssen Sie sie in Frage stellen und dürfen nicht einfach die Werte akzeptieren, die von der Tradition, von Ihren Eltern, vom Priester, von der Religion und dem Wirtschaftssystem, in dem Sie leben, aufgestellt wurden. Deshalb ist es wichtig, daß Sie revoltieren.

Durch Selbsterkenntnis fangen Sie an herauszufinden, was Gott ist, was Wahrheit ist, was jener Zustand ist, der zeitlos ist. In der Selbsterkenntnis ist das ganze Universum; sie umfaßt alle Bemühungen der Menschheit.

Solange der Geist sich nicht selbst versteht, können seine Handlungen nicht anders als zerstörerisch sein, solange der Geist keine Selbsterkenntnis hat, muß er Feindseligkeit hegen. Deshalb ist es wesentlich, daß Sie sich selbst erkennen und nicht nur aus Büchern lernen. Kein Buch kann Ihnen Selbsterkenntnis beibringen.

Ein Buch mag Ihnen Informationen über Selbsterkenntnis vermitteln, aber das ist nicht dasselbe, wie sich selbst in Aktion zu erkennen. Wenn der Geist sich selbst im Spiegel der Beziehung sieht, entsteht aus dieser Wahrnehmung Selbsterkenntnis.

V

LIEBE MUSS ZUM GEIST KOMMEN

Ihr wißt, daß eine große Kunst darin liegt, zu einer Fülle von Wissen und Erfahrung zu kommen – die Fülle des Lebens zu kennen, die Schönheit der Existenz, die Auseinandersetzungen, die Leiden, das Lachen, die Tränen – und sich doch einen sehr einfachen Geist zu bewahren; ihr könnt dann schlicht sein, wenn Ihr zu lieben wißt.

Wirklich zu leben erfordert ein grosses Maß an Liebe, ein tiefes Gefühl für Schweigen, eine große Einfachheit mit einer Fülle an Erfahrung; es erfordert einen Geist, der fähig ist, sehr klar zu denken, der nicht durch Vorurteile oder Aberglaube, durch Hoffnung oder Furcht gebunden ist.

Der Geist kann Reize und Wünsche verfolgen, er kann aber nicht nach Liebe streben. Liebe sollte zum Geist kommen. Und wenn Liebe einmal da ist, kennt sie keinen Unterschied zwischen sinnlich und göttlich: Es ist Liebe. Das ist so außergewöhnlich an der Liebe: Sie ist die einzige Qualität, die ein völliges Verstehen der gesamten Existenz mit sich bringt.

Wahres Leben heißt, etwas zu tun, was Sie aus Ihrem ganzen Wesen heraus zu tun lieben, so daß es keinen inneren Widerspruch gibt zwischen dem, was Sie tun und dem, was Sie glauben, tun zu *müssen*! Leben ist dann ein vollkommen einheitlicher Vorgang, in dem ungeheure Freude liegt. Das kann aber nur dann geschehen, wenn Sie psychisch von keiner Person und keiner Gesellschaft abhängig sind, wenn Sie innerlich vollständig frei sind – denn nur dann besteht die Möglichkeit, wirklich zu lieben, was Sie tun. Wenn Sie sich in einem Zustand totaler Auflehnung befinden, spielt es keine Rolle, ob Sie gärtnern oder Premierminister werden oder etwas anderes tun. Sie werden lieben, was Sie tun, und aus dieser Liebe kommt ein außergewöhnliches Gefühl schöpferischer Kraft.

Liebe wird in Ihrem Herzen auftauchen, sobald Sie keine Barriere zwischen sich und anderen haben, sobald Sie Leuten begegnen und sie beobachten, ohne sie zu beurteilen – wenn Sie das Segelboot auf dem Fluß einfach betrachten und sich über seine Schönheit freuen.

Erlauben Sie Ihren Vorurteilen nicht, Ihre Wahrnehmung der Dinge, so wie sie sind, zu verdunkeln. Beobachten Sie einfach nur, und Sie werden entdecken, daß mit dieser schlichten Aufmerksamkeit, mit diesem bewußten Wahrnehmen von Bäumen, von Vögeln, von Menschen, die gehen, arbeiten und lächeln, sich etwas in Ihnen ereignet.

Nur *der* liebt, der sich selbst aufgibt, sich selbst vollständig vergißt und dadurch den Zustand schöpferischer Schönheit hervorbringt. Schönheit schließt offensichtlich Schönheit der Form ein; aber ohne innere Schönheit führt das bloße sinnliche Gefallenfinden an der schönen Form zur Entwürdigung, zur Zersetzung. Es gibt innerliche Schönheit nur, wenn Sie für alle Leute und alle Dinge dieser Erde wahre Liebe empfinden; und mit dieser Liebe geht ein enormes Gespür für Rücksichtnahme, Aufmerksamkeit und Geduld einher. Sie mögen über eine perfekte Technik als Sänger oder Dichter verfügen, Sie können vielleicht malen oder mit Wörtern umgehen, aber ohne diese innere kreative Schönheit wird Ihr Talent sehr geringe Bedeutung haben.

Wenn Sie sprechen, weil Sie etwas dafür erhalten – Geld, eine Belohnung, das Gefühl eigener Wichtigkeit –, dann gibt es Irritationen, dann ist Ihr Sprechen zerstörerisch; es hat keine Bedeutung, weil es nur Selbsterfüllung ist. Wenn aber Liebe in Ihrem Herzen ist und Ihr Herz nicht mit den Dingen des Geistes beladen ist, dann ist das Sprechen wie ein Brunnen, wie eine Quelle, die zeitlos ist und frisches Wasser gibt.

Sie mögen Liebe in Ihrem Herzen tragen, weil es eine natürliche Sache ist zu lieben, wenn man jung ist; die Liebe wird aber bald von den Eltern, vom Erzieher, von der gesellschaftlichen Umgebung zerstört. Diese Unschuld, diese Liebe, die der Duft des Lebens ist, zu erhalten, ist außergewöhnlich anstrengend; es erfordert ein hohes Maß an Intelligenz und Einsicht.

Für mich ist Disziplin etwas durch und durch Häßliches; sie ist nicht kreativ, sie ist destruktiv. Bei einer solchen Feststellung aber stehenzubleiben mag den Anschein erwecken, daß Sie tun können, was Sie wollen. Im Gegenteil: Ein Mensch, der liebt, tut eben *nicht*, was immer ihm beliebt. Nur die Liebe allein führt zur rechten Handlungsweise. Was Ordnung in der Welt schafft, ist: zu lieben und die Liebe tun zu lassen, was sie will. Nur Menschen, die liebevoll, vital und glücklich sind, können eine neue Welt schaffen, nicht die Politiker, nicht die Reformer, oder die paar ideologischen Heiligen.

Es ist gut, Ihr Licht unter den Scheffel zu stellen, anonym zu sein, zu lieben, was Sie tun, und nicht zu prahlen. Es ist gut, als Unbekannter freundlich zu sein.

Das macht Sie nicht berühmt, das bewirkt nicht, daß Ihr Foto in der Zeitung erscheint. Politiker klopfen nicht bei Ihnen an. Sie sind nur ein schöpferischer Mensch, der anonym lebt, und darin liegt großer Reichtum und große Schönheit.

Worin besteht die wahre Aufgabe des Menschen? Sicherlich ist es die eigentliche Aufgabe des Menschen, die Wahrheit, Gott, zu entdecken und zu lieben. Gerade in der Entdeckung des Wahren findet sich Liebe, und diese Liebe in den zwischenmenschlichen Beziehungen wird eine andere Zivilisation, eine neue Welt schaffen.

VI.

GLÜCK ODER
DIE STILLE DES GEISTES

Warum sind Menschen niemals zu-
frieden? Sind sie es deshalb nicht,
weil sie das Glück suchen und meinen,
durch ständige Veränderung glücklich
zu werden? Sie gehen von einer Arbeit
zur anderen, von einer Beziehung zur
nächsten, von einer Religion oder Ideo-
logie zur anderen und glauben, daß sie
durch diese ständige Bewegung Glück finden werden; oder sie entscheiden sich

für einen bewegungslosen Seitenarm des Lebensflusses und stagnieren. Fraglos ist Zufriedenheit etwas gänzlich anderes. Sie entsteht nur dann, wenn Sie sich sehen, wie Sie sind, ohne irgendein Verlangen, sich zu wandeln, ohne irgendeine Verurteilung oder einen Vergleich – was nicht heißt, daß Sie lediglich akzeptieren, was Sie sehen und sich schlafen legen. Wenn der Geist aber nicht mehr vergleicht, beurteilt, bewertet, und deshalb fähig ist zu sehen, was ist, von Augenblick zu Augenblick, ohne es verändern zu wollen – in einer solchen Wahrnehmung liegt das Ewige.

Glück kommt nicht, wenn Sie danach streben – und das ist das größte Geheimnis, obwohl es sich leicht sagt. Wenn Sie keine Anstrengung machen, glücklich zu sein, dann, ganz unerwartet, auf geheimnisvolle Weise, ist Glück da, aus Reinheit geboren, aus der Lieblichkeit des Seins.

Aber das erfordert ein hohes Maß an Verstehen, nicht, daß man sich einer Organisation anschließt oder etwas zu werden versucht. Wahrheit ist nicht etwas, das man erlangen kann. Wahrheit entsteht, wenn Ihr Geist und Ihr Herz von jeder Neigung, etwas zu erstreben, gereinigt worden sind und Sie nicht länger versuchen, jemand zu werden; sie ist da, wenn der Geist sehr still ist und zeitlos auf all das lauscht, was geschieht.

Solange Sie vor irgend jemand oder irgend etwas Angst haben, kann es kein Glück geben. Es kann kein Glück geben, solange Sie Angst vor Ihren Eltern oder Ihren Lehrern haben oder Angst davor, Prüfungen nicht zu bestehen, keinen Fortschritt zu machen, dem Meister oder der Wahrheit nicht näher zu kommen, nicht anerkannt zu werden, nicht auf den Rükken geklopft zu werden. Aber wenn Sie wirklich vor gar nichts Angst haben, dann werden Sie feststellen – wenn Sie eines

Morgens aufwachen, oder wenn Sie allein spazierengehen -, daß plötzlich etwas Seltsames geschieht: Uneingeladen, nicht erbeten, ohne danach geschaut zu haben, ist plötzlich das da, was man Liebe, Wahrheit, Glück nennen mag.

Glück ist nichts, das Sie suchen können; es ist ein Ergebnis, ein Nebenprodukt. Falls Sie dem Glück selbst nachjagen, wird das sinnlos sein. Glück kommt ohne Einladung; und im Augenblick, in dem Sie sich des Glücks bewußt werden, sind Sie nicht mehr glücklich. Ich frage mich, ob Sie das bemerkt haben. Wenn Sie plötzlich ohne besonderen Grund Freude empfinden, dann haben Sie einfach die Freiheit zu lächeln und glücklich zu sein. Im Moment aber, in dem Sie sich dessen bewußt werden, haben Sie es verloren, nicht wahr? Sich seines Glücks bewußt zu sein oder Glück zu suchen, macht dem Glück bereits ein Ende. Glück gibt es nur dann, wenn das Ich mit seinem Verlangen beiseite gelassen wird.

Falls Ihr Geist die Wahrheit hat, zu entdecken, was wahr ist, werden Sie feststellen, daß ein überfließender und unzerstörbarer Reichtum kommt, in dem tiefe

Freude liegt. Dann gewinnen alle ihre Beziehungen – zu Menschen, zu Ideen und
zu Dingen – einen ganz anderen Sinn.

VII.

KREATIVE LEBENSFREUDE

Schöpferische Tätigkeit, Kreativität, hat Ihre Wurzeln in der Eigeninitiative, die nur dann entsteht, wenn es tiefe Unzufriedenheit gibt. Kreativität ist nicht nur eine Frage des Malens von Bildern oder des Schreibens von Gedichten, was etwas Gutes ist, aber für sich allein sehr wenig. Es ist vielmehr wichtig, ganz und gar unzufrieden zu sein, denn eine solche Unzufriedenheit ist der Beginn der Initiative,

die schöpferisch wird, wenn sie weiter-
reift. Und das ist der einzige Weg, um herauszufinden, was Wahrheit ist, was Gott
ist, denn der schöpferische Zustand ist
Gott.

Wie kann man kreative Lebensfreude
haben, offen in seinen Gefühlen
sein, aufgeschlossen im Denken, und doch
präzise, klar und ordentlich im Leben?
Ich erinnere mich, einmal zwei rote Eich-
hörnchen beobachtet zu haben, mit lan-
gen buschigen Schwänzen und einem
wunderschönen Fell, wie sie sich unge-
fähr zehn Minuten lang gegenseitig einen

hohen Baum rauf und runter jagten – nur aus Lebensfreude. Sie und ich können diese Freude aber nicht kennen, wenn wir nicht Dinge tief erspüren, wenn es in unserem Leben keine Leidenschaft gibt – Leidenschaft nicht, um Gutes zu tun oder irgendeine Reform durchzusetzen, sondern die Leidenschaft im Sinne sehr starker Empfindung; und wir können diese vitale Leidenschaft nur dann haben, wenn es in unserem Denken, in unserem ganzen Sein, eine totale Revolution gibt.

Wenn wir die innere schöpferische Schönheit erwecken, drückt sie sich äußerlich aus, und dann entsteht Ordnung. Das ist indes sehr viel schwieriger, als eine Technik zu meistern, weil es bedeutet, sich selbst vollständig aufgegeben zu haben, und ohne Furcht, ohne Beschränkung, ohne Widerstand, ohne Verteidigung zu sein; und wir können uns auf diese Weise nur dann selbst aufgeben, wenn wir nüchtern sind und einen Sinn für eine große innere Schlichtheit haben. Nüchternheit besteht, wenn der Geist fähig ist, sich unbegrenzter Erfahrungen zu öffnen – wenn er Erfahrung hat und dennoch sehr einfach bleibt. Dieser Zustand kann jedoch nur dann entstehen, wenn der Geist nicht weiter in der Kategorie des »Mehr« denkt, in den Kategorien des »Ansammelns« und »Aufsteigens«.

Sie können nur dann kreativ sein, wenn Sie verzichten – also tatsächlich nur dann, wenn es kein Gefühl von Zwang gibt, keine Angst davor, nicht zu sein, nicht zu bekommen, nicht zu erreichen. Dann stellt sich große Nüchternheit und Einfachheit und damit Liebe ein. Das Ganze ist Schönheit, der schöpferische Zustand.

Wahre Kooperation ergibt sich nicht einfach aus der Übereinkunft, ein Projekt gemeinsam durchzuführen, sondern aus der Freude, dem Gefühl der Gemeinsamkeit, falls man dieses Wort benutzen darf, weil es in diesem Gefühl nicht die Widerspenstigkeit persönlicher Vorstellungen, persönlicher Meinungen gibt. Es kommt darauf an, in uns selbst diesen Geist der Kooperation zu erwecken, dieses Gefühl von Freude am gemeinsamen Sein und Tun, ohne irgendeinen Gedanken an Belohnung oder Strafe. Die meisten jungen Leute haben ihn, spontan und zwanglos.

Der Geist muß erst frei sein, bevor er kreativ sein kann, und dann kann Technik verwendet werden, um diese Kreativität auszudrücken. Aber es ist sinnlos, Technik zu haben, ohne einen kreativen Geist, ohne die außerordentliche Kreativität, die aus der Entdeckung des Wahren kommt.

VIII.

DIE KUNST DER MEDITATION

Denken oder ein Gedanke ist für die meisten Leute etwas, das vom Geist zusammengesetzt wird, und Sie kämpfen mit Ihren Gedanken. Wenn Sie aber wirklich auf alles hören können – auf das Heranschwappen des Wassers am Flußufer, auf den Gesang der Vögel, auf das Weinen eines Kindes, auf Ihre schimpfende Mutter, auf einen Freund, der Sie bedrängt, auf Ihre Frau oder Ihren Mann, der Ihnen auf die Nerven geht – dann werden Sie herausfinden, daß Sie über die Worte hinausgehen, über die nur verbalen Ausdrücke, die so an uns zerren.

Um die Kunst der Meditation zu entdecken, müssen Sie die ganze Tiefe und Weite dieses außergewöhnlichen Vorgangs erkennen, den man Denken nennt. Falls Sie irgendeinen Experten akzeptieren, der sagt »Meditiere auf diese Weise«, sind Sie nur ein Anhänger, der blinde Diener eines Systems oder einer Idee. Sie akzeptieren Autorität, weil Sie hoffen, ein

Ergebnis zu erlangen, und das ist nicht Meditation.

Ordentlichkeit, Sauberkeit, Klarheit im Denken sind nicht um ihrer selbst willen sehr wichtig, sondern werden wichtig für einen Menschen, der empfindsam ist, der tief fühlt, der sich in einem Zustand ständiger innerer Umwälzung befindet. Wenn Sie sich in das Los eines armen Menschen ganz hineinversetzen, eines Bettlers, dessen Gesicht der Staub verdeckt, wenn das Auto des Reichen vorüberfährt, wenn Sie außergewöhnlich empfänglich, allem gegenüber höchst aufgeschlossen

sind, dann bringt genau diese Sensibilität
Ordentlichkeit und Tugend mit sich.

Es ist sehr wichtig, allein spazierenzu-
gehen, unter einem Baum zu sitzen –
nicht mit einem Buch, nicht mit einem
Gefährten, sondern ganz für sich allein –
und das Fallen eines Blattes zu beobachten, das Schwappen des Wassers, das Lied
des Fischers zu hören, den Flug eines Vogels zu beobachten und den Ihrer eigenen
Gedanken, wie sie sich im Raum Ihres
Geistes jagen. Falls Sie fähig sind, allein zu
sein und diese Dinge zu beobachten, wer-

den Sie außergewöhnliche Reichtümer entdecken, die keine Regierung besteuern kann, die keine menschliche Institution korrumpieren kann und die niemand zerstören kann.

Vollkommenheit ist etwas, das in einem nicht vorbedachten Augenblick gelebt wird, und dieser Augenblick hat keine Dauer. Deshalb kann Vollkommenheit weder erdacht werden, noch läßt sich eine Möglichkeit finden, ihr Dauer zu verleihen. Nur der Geist, der sehr still ist, der nichts vorherplant, erfindet oder projiziert, kann einen Augenblick von Vollkommenheit erkennen, einen Moment, der in sich vollständig ist.

Der Mensch, der nur akzeptiert, ablehnt oder imitiert, der Mensch, der sich aus Angst nur in gewohntem Geleise bewegt – ein solcher Mensch ist faul, und deshalb verfällt sein Geist und bricht zusammen. Ein Mensch aber, der beobachtet, ist nicht faul, obwohl er vielleicht oft sehr ruhig dasitzt und die Bäume, die Vögel, die Leute, die Sterne und den stillen Strom betrachtet.

Meditation gehört zum Wichtigsten im Leben und ist weit wichtiger, als Prüfungen zu bestehen, um zu einem Titel zu kommen. Zu verstehen, was richtige Meditation ist, heißt nicht, Meditation zu praktizieren. Das »Praktizieren« von irgend etwas, das dem Bereich des Spirituellen angehört, ist tödlich. Um zu begreifen, was richtige Meditation ist, muß es Klarheit über die Funktionsweise des eigenen Bewußtseins geben, und dann entsteht vollkommene Aufmerksamkeit.

Wenn der Geist sehr still, vollkommen still ist, wenn es also keine Gedankenbewegungen und deshalb keinen Erfahrenden, keinen Beobachter gibt, dann besitzt gerade diese Stille ihr eigenes kreatives Verstehen. In dieser Stille wird der Geist in etwas anderes verwandelt. Der Geist kann aber diese Stille nicht durch irgendwelche Mittel, durch irgendeine Disziplin, durch irgendeine Übung finden; sie entsteht nicht, indem man in einer Ecke sitzt und sich zu konzentrieren versucht. Diese Stille kommt, wenn Sie die Wege des Geistes verstehen. Es ist der Geist, der das steinerne Bildnis geschaffen hat, das die Leute anbeten; es ist der Geist, der die Bhagavadgita, die organisierten Religionen, die unzähligen Glaubensformen geschaffen hat, und um herauszufinden, was wirklich ist, müssen Sie über die Schöpfungen des Geistes hinausgehen.

Meditation ist, was beim Verstehen Ihres eigenen Geistes vor sich geht. Ohne das Verstehen Ihres eigenen Denkens, ohne Selbsterkenntnis hat alles, was Sie auch denken mögen, sehr geringe Bedeutung. Ohne das Fundament der Selbsterkenntnis führt Denken zu Unheil. Jeder Gedanke hat eine Bedeutung, und da der Geist die Fähigkeit hat, diese Bedeutung zu erkennen – nicht nur die von ein oder

zwei Gedanken, sondern von jedem auf-
tauchenden Gedanken – ist die Konzentra-
tion auf bestimmte Ideen, Bilder, Worte –
was im allgemeinen Meditation genannt
wird – eine Form der Selbsthypnose.

Die Verlangsamung des Denkens und
die Prüfung eines jeden Gedankens
ist der Vorgang der Meditation; und falls
Sie da hineingehen, werden Sie finden,
daß Ihr Geist – der jetzt noch ein großer
Speicher ruheloser, miteinander streiten-
der Gedanken ist – infolge des Bewußt-
werdens eines jeden Gedankens sehr still
wird, vollkommen still. Dann gibt es kei-

nen Drang, keinen Zwang, keine Angst in irgendeiner Form; und in dieser Stille entsteht das, was wahr ist. Es gibt kein »Du«, das Wahrheit erfährt, sondern mit der Stille des Geistes kehrt Wahrheit ein. Im Augenblick, in dem es ein »Du« gibt, gibt es den, der erfährt; aber der, der erfährt, wird nur vom Gedanken erzeugt. Ohne Denken gibt es ihn nicht.

IX.

Die Suche nach dem Unermesslichen

Wenn der Geist von jedem Bild, Ritual, Glauben, Symbol, von allen Worten, Mantras und Wiederholungen und von aller Furcht gereinigt ist, dann wird, was Sie sehen, das Wirkliche, das Zeitlose, das Immerwährende sein, das Gott genannt werden mag. Das verlangt aber enorme Einsicht, Verständnis, Geduld und ist nur für jene, die wirklich untersuchen, was Religion ist, und dies Tag für Tag bis zum Ende weiterverfolgen. Nur wenn der Geist sich gegen die sogenannte Religion auflehnt, findet er das Wahre.

Was ist der Tempel? Es ist ein Ort der Anbetung, in dem es ein Symbol Gottes gibt, ein nach der menschlichen Vorstellung geschaffenes Symbol, das mit der Hand aus einem Stein gemeißelt wurde. Dieser Stein, dieses Bildnis ist nicht Gott, oder? Es ist nur ein Symbol, und ein Symbol ist wie Ihr Schatten, wenn Sie in der Sonne spazierengehen. Sie sind nicht der Schatten, und diese Bilder, diese Symbole im Tempel sind nicht Gott, nicht

Wahrheit. Was spielt es dann schon für eine Rolle, wer hineingeht oder wer nicht hineingeht? Warum sollte man darüber so viel Aufhebens machen? Wahrheit mag unter einem toten Blatt sein, sie mag in einem Stein am Wegesrand sein, im Gewässer, das die Lieblichkeit eines Abends widerspiegelt, in den Wolken, im Lächeln einer Frau, die eine Last trägt.

Wir sind Menschen, die zusammenleben, und wenn ein Mensch Gott sucht, meidet er Tempel, weil sie Menschen voneinander trennen. Die christliche Kirche, die muslimische Moschee, euer Hindu-Tempel – sie alle trennen Leute, und ein Mensch, der Gott sucht, wird damit nichts zu tun haben wollen. So wird die Frage, ob irgend jemand einen Tempel betreten sollte oder nicht, zu einem rein politischen Thema; sie hat mit der Wirklichkeit nichts zu tun.

Der Drang, herauszufinden, was Wahrheit ist, was Gott ist, ist der einzige wahre Drang, und alle anderen Bestrebungen sind nachgeordnet. Wenn Sie einen Stein in stilles Wasser werfen, macht er Ringe, die sich ausbreiten. Die sich ausbreitenden Ringe sind nachgeordnete Bewegungen, sind gesellschaftliche Reaktionen, aber die ursprüngliche Bewegung ist die in der Mitte. Sie besteht in der Suche nach Glück, Gott, Wahrheit – und das können Sie nicht finden, solange Sie Furcht oder Drohung gefangenhält. Von dem Augenblick an, in dem Drohungen und Ängste auftauchen, neigt sich die Kultur ihrem Niedergang zu. Die Menschen, die nach der Wahrheit suchen, nach Gott – nur solche Menschen können eine neue Zivilisation schaffen, eine neue Kultur; nicht jene Menschen, die sich anpassen oder die sich nur innerhalb des Gefängnisses alter Konditionierungen erheben.

Religion ist nicht im Lobgesang, nicht in der Ausübung eines Rituals, nicht in der Anbetung eines Götzen oder eines Steinbildnisses, sie ist nicht in den Tempeln und Kirchen, nicht im Lesen der Bibel oder der Bhagavadgita, nicht in der Wiederholung eines heiligen Namens oder im Befolgen irgendeinen Aberglaubens, den Menschen erfunden haben. Nichts davon ist Religion.

Religion ist das Gefühl von Güte, ist jene Liebe, die wie der Fluß ist, lebendig und immerwährend bewegt. In jenem Zustand werden Sie feststellen, daß ein Augenblick kommt, in dem es überhaupt keine Suche mehr gibt; und dieses Ende des Suchens ist der Anfang von etwas total anderem. Die Suche nach Gott, nach Wahrheit, das Gefühl, vollständig gut zu sein – nicht die Kultivierung von Güte, von Demut, sondern das Aufsuchen von etwas jenseits der Erfindungen und Tricks des Geistes, was bedeutet, ein Gespür für jenes Etwas zu haben, in ihm zu leben, es zu sein – *das* ist wahre Religion.

Religiös sein ist aufgeschlossen für die Wirklichkeit sein. Ihr ganzes Wesen – Körper, Geist und Herz – ist aufgeschlossen für Schönheit und für Häßlichkeit, für den Esel, der an einen Pfosten gebunden ist, für die Armut und den Dreck in dieser Stadt, für das Lachen und das Weinen, für alles um Sie herum. Aus dieser Aufgeschlossenheit für die Ganzheit der Existenz entspringt Güte, Liebe; und ohne diese Aufgeschlossenheit gibt es keine Schönheit, obwohl Sie vielleicht Talent haben, sehr gut gekleidet sind, in einem teuren Auto fahren und peinlich sauber sind.

Der Geist, der liebt, ist ein wirklich religiöser Geist, weil er sich in der Bewegung der Realität, der Wahrheit Gottes befindet, und nur ein solcher Geist kann erkennen, was Schönheit ist. Der Geist, der nicht von einer Philosophie gefangen ist, der nicht einem System oder Glauben verfallen ist, der nicht von seinem eigenen Ehrgeiz angetrieben wird und der deshalb sensibel, wach und achtsam ist – ein solcher Geist hat Schönheit.

Es ist unser Problem, herauszufinden, was Gott ist, denn das ist das wichtigste Fundament unseres Lebens. Ein Haus kann nicht lange ohne ein richtiges Fundament stehen, und all die ausgefuchsten Erfindungen des Menschen werden sinnlos sein, wenn wir nicht danach suchen, was Gott oder Wahrheit ist.

Religion hat nichts mit den Priestern, mit der Kirche, mit irgendeinem Dogma oder Glauben zu tun. Religion ist, ohne Motiv zu lieben, großzügig zu sein, gut zu sein, denn nur dann sind wir wahre Menschen.

Wenn Sie die Natur der organisierten Religion untersuchen, werden Sie feststellen, daß alle Religionen dem Wesen nach gleich sind, ob es sich um Hinduismus, Buddhismus, Islam oder Christentum handelt – oder um Kommunismus, der eine weitere Form der Religion ist, die neueste. Im Moment, in dem Sie das Gefängnis verstehen – was bedeutet, all die Konsequenzen von Glauben, Ritualen und Priestern wahrzunehmen –, werden Sie nie mehr irgendeiner Religion angehören. Denn nur der Mensch, der frei von Glauben ist, kann das entdecken, was jenseits von allem Glauben liegt, das, was unermeßlich ist.

Religion ist die Suche nach dem, was Wahrheit ist, was Gott ist, und diese Suche erfordert enorme Energie, weite Intelligenz, subtiles Denken. In gerade dieser Suche nach dem Unermeßlichen liegt die rechte soziale Handlungsweise, nicht in der sogenannten Reform einer bestimmten Gesellschaft.

Um herauszufinden, was Wahrheit ist, muß es große Liebe und tiefe Bewußtheit in den Beziehungen des Menschen zu allen Dingen geben – was bedeutet, daß man sich nicht um den eigenen Fortschritt und die eigenen Errungenschaften kümmert. Die Suche nach Wahrheit ist wahre Religion, und der Mensch, der Wahrheit sucht, ist der einzig religiöse Mensch. Ein solcher Mensch steht wegen seiner Liebe außerhalb der Gesellschaft, und seine Einwirkung auf die Gesellschaft ist deshalb völlig verschieden von der eines Menschen, der zur Gesellschaft gehört und sich um Reform bemüht. Der Reformer kann niemals eine neue Kultur schaffen. Was notwendig ist, ist die Suche des wahrhaft religiösen Menschen, weil diese Suche ihre eigene Kultur hervorbringt, und sie ist unsere einzige Hoffnung.

Die Suche nach Wahrheit verleiht dem Geist eine explosive Kreativität, die wahre Revolution ist, denn in dieser Suche ist der Geist nicht vergiftet durch die Erlasse und Sanktionen der Gesellschaft.

Von all dem befreit, ist der religiöse Mensch in der Lage, herauszufinden, was wahr ist; und die Entdeckung, *was* wahr ist, von Augenblick zu Augenblick, schafft eine neue Kultur.

Der glückliche Mensch, nicht der Idealist oder der unglückliche Eskapist ist revolutionär; und der glückliche Mensch ist nicht der, der großen Besitz hat. Der glückliche Mensch ist der wirklich religiöse Mensch, und sein eigenes Leben ist Sozialarbeit.

Der Geist, der wach, aufmerksam und frei von Angst ist, ist ein unschuldiger Geist – und nur der unschuldige Geist kann Wirklichkeit, Wahrheit oder Gott verstehen.

X.

SCHÖNHEIT DES LEBENS

Es ist gut zu sehen, was schön ist;
Sie müssen aber auch die häßlichen
Dinge des Lebens beobachten, Sie müssen allem gegenüber wach sein. Ähn-
lich müssen Sie Dingen ausgesetzt sein,
die Sie vielleicht nicht ganz verstehen –
denn je mehr Sie diese Themen beden-
ken und darüber nachsinnen, was vielleicht teilweise schwierig für Sie sein mag,

desto größer wird Ihre Fähigkeit sein, aus der Fülle zu leben.

Ich weiß nicht, ob jemand unter Ihnen am frühen Morgen das Sonnenlicht auf dem Wasser bemerkt hat. Wie ungewöhnlich weich ist das Licht, und wie tanzen die dunklen Wasser, der Morgenstern über den Bäumen, der einzige Stern am Himmel. Haben Sie es jemals bemerkt? Oder sind Sie so geschäftig, so von der Alltagsroutine besetzt, daß Sie die reiche Schönheit dieser Erde vergessen oder niemals gekannt haben – dieser Erde, auf der wir alle zu leben haben?

Wissen Sie, was es heißt, jemand zu lieben? Wissen Sie, was es bedeutet, einen Baum zu lieben oder einen Vogel oder ein Haustier, so daß Sie sich darum kümmern, es füttern, es liebhaben, obwohl es Ihnen vielleicht nichts zurückgibt, obwohl es Ihnen keinen Schatten bietet, Ihnen nicht folgt oder nicht von Ihnen abhängig wird? Die meisten von uns lieben nicht auf diese Weise; wir wissen überhaupt nicht, was das bedeutet, weil unsere Liebe immer mit Angst, Eifersucht und Furcht umgeben wird – was bedeutet, daß wir innerlich voneinander abhängen, daß wir geliebt werden wollen. Wir lieben nicht einfach und lassen es dabei, sondern verlangen etwas zurück; und genau dadurch, durch diesen Anspruch, werden wir abhängig.

Ihr wißt, daß eine große Kunst darin liegt, zu einer Fülle von Wissen und Erfahrung zu kommen – die Fülle des Lebens zu kennen, die Schönheit der Existenz, die Auseinandersetzungen, die Leiden, das Lachen, die Tränen – und sich doch einen sehr einfachen Geist zu bewahren; und ihr könnt nur dann schlicht sein, wenn ihr zu lieben wißt.

Wenn der Geist nicht mehr vergleicht, beurteilt, bewertet, und deshalb fähig ist zu sehen, was ist, von Augenblick zu Augenblick, ohne es verändern zu wollen – in einer solchen Wahrnehmung liegt das Ewige.

Warum müssen Sie lesen? Hören Sie nur still zu. Sie fragen nie, warum Sie spielen müssen, warum Sie essen müssen, warum Sie den Fluß anschauen müssen, warum Sie grausam sind. Oder tun Sie das? Sie lehnen sich auf und fragen, warum Sie etwas tun müssen, wenn Sie es ungern tun. Aber lesen, spielen, lachen, grausam sein, gut sein, den Fluß zu sehen, die Wolken – all dies ist Teil des Lebens. Und wenn Sie nicht lesen können, wenn Sie nicht gehen können, wenn Sie unfähig sind, die Schönheit eines Blattes zu schätzen, leben Sie nicht. Sie müssen das ganze Leben verstehen, nicht nur einen kleinen Teil davon. Deshalb müssen Sie lesen, deshalb müssen Sie in den Himmel schauen, deshalb müssen Sie singen und tanzen und Gedichte schreiben und leiden und verstehen – denn all das ist Leben.

Wissen Sie, Glück ist nicht so leicht zu erlangen. Sie mögen Vergnügungen haben, Sie mögen eine neue Befriedigung finden, aber früher oder später wird auch das ermüdend. Denn in den Dingen, die wir kennen, liegt kein bleibendes Glück. Dem Kuß folgt die Träne, dem Lachen das Elend und die Verzweiflung. Alles vergeht, löst sich auf. Während Sie jung sind, sollten Sie also herausfinden, was diese merkwürdige Angelegenheit ist, die Glück genannt wird.

Glück ist eigenartig; es kommt, wenn Sie nicht danach suchen. Wenn Sie keine Anstrengung machen, glücklich zu

sein, dann, ganz unerwartet, auf geheimnisvolle Weise, ist Glück da, aus Reinheit
geboren, aus der Lieblichkeit des Seins.

Solange Sie vor irgend jemand oder irgend etwas Angst haben, kann es kein
Glück geben. Es kann kein Glück geben,
solange Sie Angst vor Ihren Eltern oder
Ihren Lehrern haben oder Angst davor,
Prüfungen nicht zu bestehen, keinen Fortschritt zu machen, dem Meister oder der
Wahrheit nicht näher zu kommen, nicht
anerkannt zu werden, nicht auf den Rükken geklopft zu werden. Aber wenn Sie
wirklich vor gar nichts Angst haben, dann

werden Sie feststellen – wenn Sie eines Morgens aufwachen, oder wenn Sie allein spazierengehen –, daß plötzlich etwas Seltsames geschieht: uneingeladen, nicht erbeten, ohne danach geschaut zu haben, ist plötzlich das da, was man Liebe, Wahrheit, Glück nennen mag.

Quellennachweis

Jiddu Krishnamurti, *Antworten auf Fragen des Lebens*, Zusammengestellt von D. Rajagopal. © für die deutsche Ausgabe 1992 by Verlag Hermann Bauer KG, Freiburg im Breisgau.

Bitte beachten Sie die folgenden Seiten

Von Jiddu Krishnamurti ist
im Verlag Hermann Bauer erschienen:

*Krishnamurti – Antworten
auf Fragen des Lebens*

250 Seiten, kart.; ISBN 3-7626-0443-6

Das hier veröffentlichte Material stammt aus Vor-
trägen und Gesprächen mit Schülern, Lehrern und
Eltern in Indien. Seitdem es in Buchform vorliegt,
hat es überall auf der Welt Millionen Menschen
angesprochen und zum Nachdenken angeregt.
Seine Ausführungen zu lesen heißt, sich selbst
und die Welt auf ganz neue Weise zu sehen. Die
klare Sichtweise und Schlichtheit der Sprache hat
dieses Buch zu einem der Krishnamurti-Klassiker
werden lassen.

Verlag Hermann Bauer · Freiburg im Breisgau

Verlag Hermann Bauer · Freiburg im Breisgau

Pupul Jayakar

Krishnamurti
Leben und Lehre

476 Seiten mit 41 s/w-Abb., kart.; ISBN 3-7626-0453-3

Der Geist in dem uralten, gebrechlichen Körper Krishna-
murtis blieb wach und frisch bis zum Ende; die Energie,
die ihn durchströmte, schien grenzenlos und nicht aus
ihm selbst zu kommen. Woher? Er vermochte es nicht
zu sagen. Stille ging von ihm aus und ein unendliches
Mitgefühl. Doch in all den Jahren blieb Krishnamurti
auch den Menschen, die ihm nahestanden, ein rätsel-
hafter Fremder.
»Es spielt keine Rolle, wer ich bin. Was *du* denkst und
tust und ob es *dir* gelingt, dich zu verwandeln, ist alles,
was zählt.«

Verlag Hermann Bauer · Freiburg im Breisgau

Nahrung für die Seele
Jeder Band im Format 10,8 x 13 cm, 112 Seiten, geb.

Jiddu Krishnamurti
Glück oder die Stille des Geistes
ISBN 3-7626-0550-0

Masaharu Taniguchi
Das Gesetz des Herzens
ISBN 3-7626-0551-3

Erika J. Chopich und Margaret Paul
Entdecke dein inneres Kind
ISBN 3-7626-0552-1

Sun Tsu
Unbesiegbarkeit durch innere Meisterschaft
ISBN 3-7626-0555-6

Douglas Monroe
Das Beste aus Merlyns Lehren
ISBN 3-7626-0554-8

Jennifer Louden
Das »kleine« Wohlfühlbuch für Frauen
ISBN 3-7626-0553-X

Verlag Hermann Bauer · Freiburg im Breisgau

Nahrung für die Seele
Jeder Band im Format 10,8 x 13 cm, 112 Seiten, geb.

Jiddu Krishnamurti
Glück oder die Stille des Geistes
ISBN 3-7626-0550-0

Masaharu Taniguchi
Das Gesetz des Herzens
ISBN 3-7626-0551-3

Erika J. Chopich und Margaret Paul
Entdecke dein inneres Kind
ISBN 3-7626-0552-1

Sun Tsu
Unbesiegbarkeit durch innere Meisterschaft
ISBN 3-7626-0555-6

Douglas Monroe
Das Beste aus Merlyns Lehren
ISBN 3-7626-0554-8

Jennifer Louden
Das »kleine« Wohlfühlbuch für Frauen
ISBN 3-7626-0553-X

Verlag Hermann Bauer · Freiburg im Breisgau